VENTE

D'UNE BELLE COLLECTION

DE TABLEAUX.

Le Lundi 13 Février 1792.

CATALOGUE

D'UNE BELLE COLLECTION
DE TABLEAUX,

La plupart des premiers Maîtres Flamands &
Hollandois;

GOUACHES ET DESSINS, SOUS VERRE,
BUSTES ET FUTS DE COLONNES EN MARBRE,
PORTE PIERRE D'AIMANT,
ET AUTRES OBJETS CURIEUX;

PAR A. J. PAILLET.

---

*DONT la vente se fera publiquement aux plus offrans
& derniers enchérisseurs, & à deniers comptans, le ~~Mardi 7~~ Lundi 13
Février 1792, & jours suivans de relevée,
en la grande Salle des Ventes de l'Hôtel de Bullion,
rue J. J. Rousseau.*

Le tout sera exposé dans la même Salle pendant les matinées
des trois jours qui précéderont celui de la vente, depuis
onze heures jusqu'à deux heures.

Il se distribue
A PARIS,

CHEZ {
A. J. PAILLET, Peintre audit Hôtel de
Bullion.
M. BOILEAU, Huissier-Priseur, rue du
Bacq.

1792.

AVANT-PROPOS.

PARMI les différentes Collections qui ont
été confiées à nos soins pendant les premiers
mois de cet hiver pour en diriger & annoncer
la vente, celle dont ce Catalogue offre un
détail succint nous paroît encore digne d'être
favorablement accueillie des Connoisseurs &
Acheteurs. La liberté dont nous jouissons
dans cette opération détermine sans peine
notre franchise à ne la présenter que sous
son véritable point de vue, c'est - à - dire,
comme un ensemble varié de genres &
de Sujets, de plus de deux cents Tableaux
des trois Ecoles, la majeure partie des plus
agréables & très-précieux des premiers Artistes
Hollandois & Flamands, dans le meilleur
ordre, & rassemblés par un seul propriétaire
dont la loyauté & la bonne-foi livrent le tout
au libre cours & à la volonté des enchères.
Une nomenclature fidèle des Artistes les plus
renommés, dont les ouvrages composent cette
belle Collection, présentera aux Curieux un
premier coup d'œil suffisamment intéressant
pour les déterminer à se rendre à notre expo-
sition publique, qui aura lieu deux jours avant
celui de la vente : alors nous serons pleine-
ment satisfaits, s'ils y retrouvent exactement
& selon notre intention, les articles décrits
sous les noms de *P. P. Rubens, J. Jordans,
D. Teniers, Rembrantz, G. Lairesse, Ad.
& Will. Vandevelde, Vanderheyden, L.
Bakuisen, G. Metzu, G. Terburg, J. Van-*

4

huyſum, Ph. *Wouvermans*, N. *Berchem*, *Ad.* & *Iſaac van Oſtade*, C. *Poelembourg*, G. *Skalken*, Fr. *Mieris*, J. *Aſſelin*, J. *Leduc*, de *Vees*, Jacq. *Ruisdael*, Ad. *Pinaker*, Fr. *Moucheron*, Guill. *Heuff*, J. *Vangoyen*, & autres. Quelques ſujets piquans d'Hiſtoire, de Fable, Payſages & Batailles de l'École Françoiſe, par *Jacq. Courtois*, dit le *Bourguignon*, Seb. *Bourdon*, *Parocel*, J. *Raoux*, le *Nain*, Ant. *Watteau*, *Patel*, père, C. *Vanloo*, Fr. *Boucher*, *Caſanova*, *Loutherbourg*, & MM. *Lagrenée*, *Greuze*, *Robert*, *Van Spandornk*, *Tannay*, de *Marne*, Mlle le *Doux* & autres. On y trouvera auſſi quelques Gouaches intéreſſantes, divers Deſſins de bons Maîtres encadrés; Buſtes & Colonnes de marbre; une forte Pierre d'Aimant richement montée, & quelques autres objets curieux.

Nous invitons les Enchériſſeurs à ſe rendre de bonne heure aux ſéances qui commenceront à cinq heures très-préciſes.

Les objets ne ſeront délivrés qu'après avoir été payés.

Les Amateurs ſont auſſi prévenus que les objets de chaque vacation ſeront expoſés le matin.

CATALOGUE

D'UNE BELLE COLLECTION

DE TABLEAUX,

Gouaches & Deſſins, ſous verres, Buſtes & Fûts de Colonnes en Marbre, ſorte Pierre d'Aimant & autres objets curieux.

TABLEAUX.

ÉCOLE D'ITALIE.

F. MOLA.

N°. 1. UN ſujet de Diane & Endymion. Ce Tableau, d'une touche ſavante & d'une grande force de couleur, nous paroît digne des meilleures Collections. Haut. 38 p. larg. 26. T.

NOGARI.

2 Un Buſte de vieille Femme, peint avec une grande facilité & d'une bonne couleur; elle tient dans ſa main droite une canne en béquille. Haut. 20 p. larg. 16. T.

J. P. PANINI.

3 Un Tableau d'une grande perfection, & l'une des riches compofitions de Panini; il repréfente une belle ruine d'Architecture en arcades foutenues par des colonnes. On compte vingt-cinq figures fur le premier plan, heureufement variées d'attitudes & bien drappées, fujet d'un facrifice. Nous ne doutons pas que ce morceau, diftingué dans fon genre, ne foit admiré des Connoiffeurs. Haut. 25 p. larg. 19. T.

PAR LE MÊME.

4 Un autre Tableau d'une forte couleur & d'une touche large, à l'imitation de *Bibiena*; il repréfente un entablement d'Architecture ruiné, foutenu par des colonnes. On voit encore un Tombeau, une Statue, & trois figures de Soldats. Haut. 37 p. larg. 27. T.

JEAN MIEL.

5 Un tableau de forme ovale, fujet Napolitain, compofé de trois figures qui fe rafraîchiffent. On voit encore un Cheval blanc, un Ane & un Chien. Haut. 10 p. larg. 14. T.

PAUL MATTEY.

5 *Bis.* Un fujet du repos de Vénus dans un payfage; cette Déeffe eft repréfentée affife fur une draperie, & regarde l'Amour qui tire des flèches de fon carquois. Ce morceau, des plus gracieux pour le fujet, eft auffi du plus admirable pinceau. Haut. 22 p. larg. 30. T.

ÉCOLE DE MORILLOS.

6 Deux tableaux bien peints & du meilleur ton de couleur ; ils font de forme ovale fur la hauteur, & attribués à Morillos ; l'un repréfente un Bufte de jeune garçon ajufté d'une chaîne d'or ; l'autre, une jeune fille ajuftée d'un mouchoir noué fous fon menton. Haut. 20 p. larg. 15. T.

ÉCOLE FRANÇOISE.

J. COURTOIS, dit le *Bourguignon*.

7 Un tableau d'une grande force de touche & de couleur repréfentant un fujet de Bataille compofé avec tout le feu convenable à un fujet de ce genre. Haut. 22 p. larg. 32. T.

LAURENT DE LA HIRE.

8 La Sainte-Vierge careffant l'Enfant Jefus, qui eft couché fur un couffin ; une partie de mur & quelques arbres fervent de fond à ce tableau, qui par fa touche précife & achevée offre l'une des bonnes productions de cet habile Peintre. Haut. 12 p. larg. 17. T.

S. BOURDON.

9 Une compofition pittorefque dans le genre Flamand, repréfentant différens Perfonnages & Voyageurs arrêtés pour fe rafraîchir fous une treille, enlacée avec des débris d'architecture, & fituée dans un payfage ; l'une des figures qui fe diftingue davantage eft

un Officier affis, & les jambes croifées, fumant fa pipe. Des chevaux & diverfes figures, avec acceffoires, contribuent à former l'enfemble le plus intéreffant & l'une des productions diftinguées de Sébaftien Bourdon en ce genre. Haut. 14 p. larg. 19. B.

PAR LE MÊME.

10 Un tableau du détail le plus vrai, repréfentant l'intérieur d'un ménage de Payfan, avec divers nftenfiles de ménage & légumes ; on remarque dans le milieu une Femme occupée à filer au rouet. Ce morceau, d'une touche admirable & fpirituelle, tient beaucoup de la manière de Guil. Kaalf. Haut. 20 p. larg. 16. T.

PAR LE MÊME.

11 Un tableau de forme ronde, compofition de deux figures, dont une Femme percée d'une flèche ; on voit encore deux Amours qui forment acceffoires. Diamètre 9 p. C.

PAR LE MÊME.

12 Un autre tableau de même forme, pouvant fervir de pendant.

CHARLES PAROCEL.

13 Une vue de payfage du Levant, avec figures, dans le coftume du pays, parmi lefquelles on diftingue un Sultan accompagné de fa Favorite. Ce tableau eft d'une riche couleur & de la bonne touche de cet habile Peintre. Haut. 25 p. larg. 36. T.

J. RAOUX.

14 Un tableau des plus gracieux par sa composition, repréſentant trois des Maîtreſſes de Louis XIV ſortant de ſe baigner dans une fontaine, celle du milieu ſe diſtingue ſous la figure de Diane ; le fond eſt un payſage ſombre qui contribue à faire briller la belle carnation des chairs. Haut. 23 p. larg. 26. T.

PAR LE MÊME.

15 Diane aſſiſe dans un payſage & careſſant un chien. Haut. 10 p. larg. 8. B.

FRANCISQUE.

16 Une vue de Payſage avec fabrique, & figures d'hommes & de femmes ſur le premier plan. Ce morceau, d'une riche couleur, eſt digne de la belle touche du Gaſpre. Haut. 14 p. larg. 16. T.

VLEUGHEL.

17 Un petit tableau, eſquiſſe repréſentant Betzabée à ſa toilette, ſortant du bain. Haut. 7 p. larg. 10. B.

PATEL, *le père.*

18 Un payſage, ſite d'Italie, avec un portique de ruines d'architecture qui occupe toute la droite de la compoſition. Ce tableau, d'un beau fini, eſt orné de quelques figures & animaux. Haut. 13 p. larg. 17. T.

PAR LE MÊME.

19 Un petit tableau de Payſage avec ruines, figures & animaux. Haut. 4 p. larg. 6. B.

B A P T I S T E M O N N O Y E R.

20 Un tableau de la plus belle touche, repréfentant
un grouppe de différentes fleurs dans un riche vafe
qui eft pofé fur une table couverte d'un tapis de velours brodé d'or. C'eft à jufte titre que l'on a claffé
les ouvrages de ce Maître au premier rang, parmi
les plus grands Artiftes de notre Ecole. Haut. 42 p.
larg. 34. T.

F. L E M O I N E.

21 Un beau tableau de payfage, avec figures d'un
Berger qui confidère une jeune Femme endormie;
cette compofition gracieufe eft rendue avec la plus
admirable intelligence de touche & de couleur. Haut.
22 p. larg. 26. T. De forme ovale.

P A R L E M Ê M E.

21 *Bis.* Un autre tableau d'une riche couleur, repréfentant un Payfage de forme en ovale, avec figures,
fujet de l'Hiftoire de Jacob. Haut. 20 p. larg. 26. T.

L E N A I N.

22 Un grand tableau, compofition de fept figures de
grandeur naturelle, repréfentant une famille de Payfans, parmi lefquels on diftingue une vieille Femme
occupée à filer, & un Homme qui joue de la vielle.
Haut. 48 p. larg. 58. T.

P A R L E M Ê M E.

23 Un autre tableau repréfentant le fujet de l'Adoration
des Bergers, compofition d'une riche ordonnance

dont les figures font de proportion de 20 p. Haut.
2 pieds, larg. 2 pieds 6 p. T.

ANT. WATTEAU.

24 Un petit tableau de la première fineſſe dans le ton
de couleur, & de la touche la plus ſpirituelle ; il repréſente un ſujet de cinq figures dans différens habillemens de caractère, vues juſqu'aux genoux, dans un
payſage. Ce tableau, qui provient du Cabinet de feu
M. Lollier, y jouiſſoit du rang le plus diſtingué. Haut.
11 p. larg. 7. B.

PAR LE MÊME.

25 Deux tableaux très-fins de couleur & de la touche la
plus ſpirituelle ; l'un repréſente une jeune Bergère
aſſiſe dans un payſage, & tenant des roſes dans ſon
tablier, l'autre un Homme vêtu à l'Eſpagnole, accor-
dant une guitarre. Haut. 9 p. larg. 7. B.

PAR LE MÊME.

26 Un tableau gravé ſous le titre *des Amuſemens
Champêtres*. On y compte ſix figures d'Hommes &
de Femmes, & deux Enfans, dans un riant payſage.
Haut. 17 p. larg. 22. T.

PAR LE MÊME.

27 Un autre tableau, même ſujet & genre, qui tient
auſſi de la brillante couleur de Watteau. Haut. 8 p.
larg. 9. B.

J. B. PATER.

28 Deux tableaux faiſant pendans ; l'un repréſente une
jeune Femme ſortant du bain, & accompagnée de cinq

Femmes occupées à la fervir ; l'autre, auffi très-fpi-rituellement touché, repréfente une Dame à fa toilette. Haut. 16 p. larg. 12. T.

P A R   L E   M Ê M E.

29 Un tableau du plus beau ton de couleur & de la meilleure touche qu'on puiffe trouver de cet Artifte ; il repréfente une halte de *Soldats & Vivandières* dans un payfage du fite le plus agréable. Haut. 17 p. larg. 22. T.

A N T. F. V A N D E R M E U L E N.

30 Deux petits tableaux d'une riche couleur & d'une touche auffi facile que fpirituelle ; ils repréfentent des chocs de cavalerie dans des campagnes de *Flandres.* Haut. 4 p. 6 lig. larg. 7. p. B.

P A R   L E   M Ê M E.

30 *Bis.* Un tableau de la belle touche & des plus achevés de ce grand Artifte, repréfentant l'une des conquêtes de *Flandres* ; le premier plan eft garni de figures, parmi lefquelles on remarque *Louis XIV* fur un beau cheval blanc, auquel un perfonnage préfente les clefs d'une ville. Haut. 23 p. larg. 30. T.

P A R   L E   M Ê M E.

31 Deux autres petits tableaux facilement touchés, l'un repréfente un choc de Cavalerie, l'autre un Combat au piftolet. Haut. 4 p. larg. 7. B.

PAR LE MÊME.

32 Une vue de Payſage de Flandres, où l'on voit une voiture attelée de ſix chevaux gris pommelés. Ce morceau, très-artiſtement peint, tient de la touche précieuſe de *D. Teniers.* Haut. 11 p. larg. 26. B.

PAR LE MÊME.

33 Deux petits tableaux repréſentant différentes vues de la Flandre, avec figures, ſujets de Batailles & de Cavalerie. Haut. 5 p. larg. 6. B.

MARTIN, *le père.*

34 Louis XIV à cheval, & accompagné de pluſieurs Officiers de ſa maiſon & des Pages. Haut. 24 p. larg. 38. T.

BENARD.

35 Une marche de Soldats & Vivandières. Ce petit tableau eſt ſpirituellement touché dans le ſtyle de Pater. Haut. 8 p. larg. 9. B.

CARLES VANLOO.

36 Un ſujet de Chaſſe à l'Ours, eſquiſſe terminée & de la plus belle touche de cet habile Peintre. Haut. 20 p. larg. 14. T.

F. BOUCHER.

37 Un tableau du ton de couleur le plus riche & de la touche la plus ſavante & la plus gracieuſe ; il repréſente les amours d'Hercule & Omphale. Le fond de ce morceau ſavant & agréable offre une galerie

d'architecture avec des draperies suspendues ; il provient de la collection de M. Randon de Boisset, Nº ... de son Catalogue. Haut. 35 p. larg. 27. T.

E. A u b r y.

38 Deux tableaux offrant des scènes intérieures de ménage ; dans l'un on voit une mère ayant un petit enfant sur son sein, & lui faisant faire sa bouillie ; l'autre est un sujet du même genre. Haut. 15 p. larg. 11. T.

C a s a n o v a.

39 Un tableau du plus beau ton de couleur & de l'effet le plus harmonieux ; il représente un grand Chemin où passe un Berger avec son troupeau. Nous croyons ce charmant morceau gravé sous le titre du *Retour du Troupeau à la bergerie.* Haut. 12 p. larg. 15. B.

J e a n L o u t h e r b o u r g.

40 Une Vue de mer dont la partie droite offre un grouppe de roches sur lesquelles sont plusieurs figures de Soldats ; un Fort dans le milieu se détache sous un ciel brillant & bien nuagé. Haut. 24 p. larg. 30. T.

P a r l e m ê m e.

41 Un autre tableau, pendant du précédent, représentant aussi une vue de mer agitée, avec une barque à la voile, qui flotte sur la gauche.

J. B. G R E U Z E.

42 Le portrait d'une Dame Angloise, elle est vue de
trois quarts, & presque à mi-corps, ajustée d'un corset
rouge, un fichu de gaze & différentes rosettes de
rubans ; il est peu d'ouvrages de cet Artiste qui ne
méritent tous les éloges ; mais on retrouvera dans ce
morceau un fini & un précieux de touche qui tient
auprès des productions de *Van Dick*. Haut. 23 p.
larg. 19. T.

M. R O B E R T.

43 Une vue de mer & rochers, avec figures, esquisse
d'une touche hardie faite en Italie par cet habile
Peintre. Haut. 11 p. larg. 14. T.

P A R L E M Ê M E.

43 *Bis.* Un autre tableau, même genre & pendant.

M. L A G R É N É E, *jeune.*

44 Un tableau, touche au premier coup, représentant le
Christ, mort sur les genoux de la Vierge. On voit
encore un Ange qui soutient plusieurs épées. Haut.
14 p. larg. 9. T.

P A R L E M Ê M E.

45 Un autre tableau aussi facilement touché, représentant
un sujet de la Sainte-Vierge avec Sainte-Elisabeth.
Haut. 14 p. larg. 10. T.

M. V A N S P A E N D O N C K.

46 Deux tableaux de forme ovale, représentant différentes fleurs artistement grouppées dans des vases

pofés chacun fur une table de marbre. Ces deux morceaux, d'une grande fraîcheur, ont été peints en
1773 pour M. Lollier, de la vente duquel ils proviennent. Haut. 20. p. larg. 16 p. 6 lig. T. Dans
des bordures carrées.

M. T A U N A Y.

47 Deux tableaux d'une grande fineffe de touche, l'un
repréfente une halte d'armée, le pendant une tente
de Vivandières avec figures de foldats qui fe diver-
tiffent. Haut. 6 p. larg. 12. B.

P A R L E M Ê M E.

48 La vue d'un monaftère de Chartreux, fur le perron
duquel on voit St-Bruno accompagné d'un Religieux,
& diftribuant des habillemens à une foule de pauvres.
Le mérite de ce tableau, précieux de touche, a été
reconnu lors de la vente du Cabinet de M. *St-Hu-
bert.* Haut. 15 p. larg. 11 p. T.

P A R L E M Ê M E.

49 Une vue d'Italie avec fabrique, montagne & chûte
d'eau. Ce tableau, intéreffant dans tous fes détails, eft
orné de plufieurs petites figures fpirituellement touchées. On en diftingue huit dans le coftume Napolitain qui forment une danfe. Haut. 24 p. larg. 18. T.

P A R L E M Ê M E.

50 Deux tableaux très-fins de couleur & d'une touche
fpirituelle, l'un repréfente une Noce de village, l'autre
des Comédiens de campagne qui font une parade.
Haut. 12 p. larg. 9. B.

Par

P A R   L E   M Ê M E.

51 Un autre tableau d'un vrai mérite, offrant une vue de Payſage agreſte de ſite montagneux, avec chûte d'eau, que nous croyons de cet habile Artiſte. On voit ſur le premier plan, à gauche, un ſujet de Chaſſe à l'ours. Haut. 7 p. larg. 11. B.

M. DE MARNE.

52 Un tableau, intéreſſant de compoſition, & d'un fini précieux, offrant la vue très-naturelle d'une métairie avec figures & animaux ſur le premier plan. on y diſtingue une Femme aſſiſe près d'un puits pittoreſque, tenant ſon enfant. Haut. 10 p. larg. 14. B.

M. MOREAU.

53 Une vue de Payſage très-étendu & qui ſemble priſe dans les environs de Paris. Ce tableau, d'une grande fraîcheur, eſt touché facilement & avec eſprit. Haut. 18 p. larg. 30. T.

P A R   L E   M Ê M E.

54 Un autre tableau ſervant de pendant; il repréſente auſſi une vue de Payſage où paſſe une rivière. On diſtingue dans le milieu pluſieurs grands arbres qui ſe détachent ſur un ciel brillant.

Mlle. LE DOUX.

55 Un Buſte de jeune Fille, du caractère le plus gracieux, ayant la tête penchée ſur l'épaule droite, &

B

vue de trois quarts. Ce morceau fait honneur aux
talens distingués de cette Artiste, & présente l'une de
ses plus belles études. Haut. 14 p. larg. 11. T.

I D E M.

56 Un charmant tableau, Buste d'Enfant, artistement
coëffé de cheveux bouclés & ajusté d'un corset rose
& d'un fichu de gaze. Haut. 14 p. larg. 11. T.

J. B. greuze

57 Un autre tableau aussi Buste d'une jolie Enfant coëffee
de cheveux blonds & ajustée d'un fichu noué, avec
corset rouge. Hauteur du précédent.

M. S A R R A Z I N.

58 Une vue de Paysage à l'effet d'un coup de vent.
Ce tableau, de forme ronde, est touché avec goût
& une grande facilité. Diamètre 8 p. T.

P A R L E M Ê M E.

59 Un Paysage avec chaumières pittoresques, offrant
un site agréable & frais. Haut. 16. p. larg. 20. T.

M. C H A S L E S.

60 Un intérieur de boudoir où l'on voit une jolie
Femme assise sur un sopha, considérant deux colombes
qui se caressent. Haut. 12 p. larg. 8. B.

ÉCOLES FLAMANDE
ET HOLLANDOISE.

P. P. RUBENS.

61 Portrait d'un Duc de Brabant ; il est représenté plus fort que nature & vu de face jusqu'aux genoux , & ajusté d'une cuirasse avec un manteau brodé d'or. Ce tableau , d'une carnation la plus vigoureuse, présente l'une des productions que ce grand Peintre s'est plu à finir davantage. Ce morceau , d'un effet marquant, nous paroît digne de tenir le rang le plus distingué dans une galerie. Haut. 50 p. larg. 41. B.

J. JEORDANS.

62 Une étude de la plus riche couleur, représentant un Enfant sur un lit , & portant la main gauche sur un vase d'or. Des connoisseurs regardent ce tableau comme de la bonne touche de Rubens. Haut. 10 p. larg. 15. B.

GONZALES.

63 Un sujet de deux figures près d'un port de mer, offrant les portraits d'un personnage vêtu d'un habillement rouge , & d'une Dame ajustée d'une robe de soie bleue , se tenant tous deux par la main. Haut. 14 p. larg. 11. B.

P. LELY.

64 Le portrait d'une Dame Angloise ; elle est représentée dans un jardin & vue jusqu'aux genoux, por-

tant fa main gauche à la draperie dont elle eft ajuftée.
Haut. 44 p. larg. 36. T.

TENIERS, *le père.*

65 Un Kermeſſe ou Fête de Village. Cette compoſition,
où l'on compte environ cent-vingt figures, eſt amuſante dans les détails. Haut. 22 p. larg. 30. T.

PAR LE MÊME

66 Un Payſan aſſis près d'une table. & accompagné
d'une jeune Servante qui allume une pipe ; un Chien
& une Cruche forment acceſſoires fur le premier plan.
Haut. 11 p. larg. 8. B.

PAR LE MÊME.

67 Deux tableaux faiſant pendant, l'un repréſente une
Moiſſon, l'autre un Hiver. Haut. 9 p. larg. 13.

D. TENIERS.

68 Un ſujet de trois figures de Payſans occupés à
boire & fumer dans un intérieur de chambre ; celui qui
ſe fait remarquer davantage eſt aſſis ſur une chaiſe de
bois au dos de laquelle eſt placé un chapeau blanc,
& plus bas, du même côté, ſe voit encore une Cruche
d'une vérité étonnante. Ce tableau, tranſparent de
couleur, eſt auſſi d'une belle touche. Haut. 15 p.
larg. 13. B.

PAR LE MÊME.

68 *Bis.* Deux petits tableaux de la première fineſſe,
& faiſant régulièrement pendant ; ils repréſentent des

intérieurs de tabagies dans lesquelles on voit un Paysan
assis sur une chaise de bois, & coëffé d'une toque
rouge, allumant sa pipe; deux autres Personnages
sont près d'une cheminée; l'autre tableau, d'une
qualité peu commune, offre une composition de
deux Paysans assis près d'un tonneau. Haut. 5 p. 6.
lig. larg. 8. B.

PAR LE MÊME.

69 Un Paysage clair & agréable, avec quelques chaumières; la partie gauche est occupée par une maison
de cabaret au dehors de laquelle sont des Paysans
qui jouent à la boule. On voit encore dans ce tableau,
où l'on compte huit figures variées d'attitude & de
caractère, divers accessoires intéressans. Haut. 16. p.
larg. 22. T.

PAR LE MÊME.

69 *Bis.* Un tableau de forme ovale, représentant un intérieur de tabagie, avec figures, dont celle principale est
un Paysan assis sur un baquet, allumant sa pipe. Ce
personnage est rempli d'expression & répond au mérite distingué du Peintre de la nature. Haut. 10 p.
larg. 12. B.

PAR LE MÊME.

70 Une vue d'un Port de Mer, avec nombre de figures de Pêcheurs sur le rivage, & à la gauche. Cette
composition naturelle & du meilleur ton de couleur,
par *D. Teniers*, est une imitation des ouvrages de
Breughel. Haut. 10 p. larg. 14. C.

P A R L E M Ê M E.

71 Un autre tableau d'une riche couleur & de la bonne touche de cet Artiste, offrant une vue de paysage avec chaumière & trois figures de Paysans sur la gauche. Haut. 10 p. larg. 13. B.

P A R L E M Ê M E.

72 Une étude de Roches avec chûte d'eau, & quelques arbres dépouillés de feuilles sur le premier plan. Haut. 12 p. larg. 8. B.

P A R L E M Ê M E.

73 Une composition de trente-quatre figures, hommes & femmes, qui sont rassemblées au-dehors d'une maison de cabaret, formant différens grouppes; les unes autour des tables & occupées à manger & boire, tandis que d'autres s'amusent à danser au son d'une musette dont joue un vieillard qui est monté sur un baquet. Ce tableau brillant, & du plus admirable transparent de couleur, offre encore une des charmantes productions de D. Teniers. Haut. 11 p. larg. 14. B.

P A R L E M Ê M E.

74 Un tableau composé d'une masse de Rochers artiste-ment grouppé. On distingue sur le premier plan un Paysan assis & coëffé d'une toque rouge. Haut. 12 p. larg. 20. T.

PAR LE MÊME.

75 Un portrait de Religieux vu à mi-corps & de face, dans un habillement noir de son Ordre. On attribue ce tableau à *Teniers*. Haut. 6 p. larg. 5. C.

ABSOVEN.

76 Quatre tableaux composés chacun d'une figure caractérisant les Saisons. Haut. 8. p. larg. 6. B.

HENRY STENWICK.

77 Un intérieur de prison avec figures, sujet de Saint-Pierre délivré par un Ange. Haut. 4 p. larg. 5. B.

BREUGHEL DE VELOURS.

78 Un petit tableau de forme ovale offrant un paysage des environs de la Flandre, avec figures & chariots de Paysan sur un chemin. Haut. 3 p. larg. 4. B.

PAR LE MÊME.

79 Un autre petit très - fin représentant une vue de Village en hiver & couvert de neige, avec figures de Bucherons. Haut. 3 p. 6 lig. larg. 4 p. 6 lig. C.

VAN BALEN.

80 Une composition de huit Personnages autour d'une table couverte d'huitres, sujet allégorique. Haut. 17 p. larg. 22. B.

TH. MICHAUD.

81 Deux petits tableaux représentant des vues de Villages de Flandres, avec figures & chariot de Paysans. Haut. 3 p. larg. 5. B.

R E M B R A N D T.

82 Jefus-Chrift à table avec les Pellerins d'Emmaüs. On voit encore fur différens plans, des figures d'acceſſoires. Les Amateurs des tableaux de caractère admireront comme nous, dans celui-ci, une harmonie de clair-obfcur admirable, & une richeſſe de couleur digne des ouvrages parfaits de ce grand Peintre. Haut. 22 p. larg. 30. T.

P A R L E M É M E.

83 Un tableau du meilleur ton de couleur & d'une belle harmonie, repréſentant le retour de l'Enfant Prodigue. Ce beau morceau provient du Cabinet de feu M. *de la Vallière.* Haut. 23 p. larg. 20. T.

P A R L E M É M E.

84 Tobie recouvrant la vue, compofition de fix figures, dans un intérieur de chambre; ce fujet tient aux grands effets & à la belle couleur de *Rembrandt.* Haut. 23 p. larg. 22. T.

P A R L E M É M E.

85 Une étude de la touche la plus favante, repréſentant une figure de Pellerin vue à mi-corps & les mains jointes, dans l'attitude & l'expreſſion de prier. Haut. 34 p. larg. 30. T.

P A R L E M É M E.

86 Un autre tableau, même proportion, repréſentant un Arménien vu à mi-corps, & coëffé d'un bonnet fourré.

PAR LE MÊME.

87 Une figure d'homme avec ses mains l'une sur l'autre, étude d'une grande force de couleur & faite au premier coup. Haut. 18 p. larg. 14. B.

G. METZU.

88 Une Dame Hollandoise vêtue d'un corset rouge, & assise devant sa toilette, dans un appartement. On voit encore une Servante & un Homme qui porte un fusil. Ce tableau est l'esquisse terminée d'un des plus beau morceau de cet Artiste. Haut. 16 p. larg. 13. T.

PAR LE MÊME.

89 Un tableau composé de deux figures dans un intérieur d'appartement, représentant une belle Femme Hollandoise, assise & vêtue d'un manteau de lit de velours pourpre, bordé d'hermine, & jouant aux cartes avec un homme qui est appuyé sur une table. Ce morceau, de la belle touche de Metzu, est aussi de la plus grande verité. Haut. 12 p. larg. 10. B.

PH. WOUVERMANS.

90 Une vue de Paysage offrant un site très-intéressant & riche dans les détails ; le premier plan est orné de diverses figures & trois chevaux près d'un abreuvoir ; parmi ce grouppe, précieux de touche, on distingue un Cheval blanc chargé de bagages, que tient un Homme par la bride, tandis qu'il s'abreuve ; sur la gauche on voit encore deux Mariniers qui tirent un

bateau. Tous ces objets se détachent avec la plus parfaite harmonie sur un ciel heureusement nuagé, dont l'effet indique un tems de pluie. Haut. 13 p. larg. 15. B.

PAR LE MÊME.

91 Un point de vue de Dunes & Bruyères, avec un abreuvoir sur la partie droite, où l'on voit un Palfrenier qui fait abreuver un cheval. On remarque encore du même côté une Femme qui porte un paquet sur sa tête, ayant près d'elle un petit Enfant. Ce tableau, fait au premier coup, est du bon ton de couleur argentin de *Ph. Wouvermans*, & de sa touche la plus facile & spirituelle. Haut. 21 p. larg. 17. T.

PAR LE MÊME.

92 Une masse de Terrain au bord de la mer, & du milieu de laquelle s'élève un colombier. Dans un effet de demi-teinte générale, on distingue diverses figures & chevaux. Haut. 15 p. larg. 22. B.

P. WOUVERMANS.

93 Une vue de Paysage, dont la partie droite est entièrement occupée par un grand mur de terrasse & des arbres. Le premier plan est garni de figures & chevaux avec accessoires différens. Haut. 25. p. larg. 31.

PAR LE MÊME.

94 Une vue de Jardin, avec figures d'Hommes & une Dame à cheval, sujet d'un départ de Chasse. Haut. 13 p. larg. 16. B.

NICOLAS BERGHEM.

95 Une vue de Payfage dont la partie gauche eſt occupée par une maſſe de ruines en arcades, où dort
une Payſanne ſur un mulet, & ſuivie d'un âne ; ſur la
droite & en demi-teinte, on voit encore une Vache
rouſſe. En ſecond plan, un pont où paſſent des animaux. Le fond de ce tableau, admirable dans toutes
ſes parties, eſt terminé par un lointain de montagnes
qui ſe détachent ſur un ciel argentin & heureuſement
nuagé. Haut. 25 p. larg. 30. T.

PAR LE MÊME.

96 Un petit tableau, vue de Payſage de ſite montagneux. Sur le premier plan, à gauche de la compoſition, on voit un Pâtre qui conduit un troupeau d'a-
nimaux. Ce morceau, d'une grande fineſſe, eſt auſſi
de la touche la plus ſpirituelle, & de l'effet le plus
piquant. Haut. 6 p. 6 lig. larg. 10 p. B.

PAR LE MÊME.

97 Un autre tableau de la belle touche de *Berghem*,
repréſentant un Payſan occupé à mettre un cheval
blanc à ſa charrue. Le fond repréſente une grande
voûte taillée dans le roc & percée en arcade. Haut.
11 p. larg. 9. B.

PAE LE MÊME.

98 Deux tableaux, ſujets d'Animaux & Figures, peints
en griſalles, études facilement touchées. Haut. 11
p. larg. 14.

A D R I E N V A N D E V E L D E.

99 Une vue de Payſage couvert de neige, avec ſix
figures & un chien. On y diſtingue un Cavalier vu
par le dos, auquel un Payſan demande l'aumône. Ce
morceau, de la plus parfaite qualité de ce grand Artiſte, eſt auſſi d'une vérité qui fait l'illuſion de la
nature. Haut. 12 p. larg. 14. B.

W. V A N D E V E L D E.

100 Une vue du rivage de Scheveling, avec quelques
figures de Pêcheurs & des Enfans qui vont chercher
des poiſſons dans une barque. Haut. 11 p. larg. 14. T.

A D. V A N O S T A D E.

101 Un intérieur de Chambre ruſtique où l'on compte
cinq figures de Payſans autour d'une table, dont
deux s'amuſent à jouer aux dames; à la gauche de
cette compoſition naturelle, on voit encore une
Payſanne qui tient un verre de bierre. Ce morceau,
d'une harmonie de clair-obſcur admirable & du ton
de couleur le plus riche, offre une des parfaites productions de cet Attiſte, inimitable dans ſon genre.
Haut. 13 p. larg. 12. B.

P A R L E M Ê M E.

102 Un autre tableau de la belle pâte d'*Adrien Oſtade*,
repréſentant une femme de Payſan aſſiſe, & d'un viſage
riant, ſe diſpoſant à boire un verre de bierre. Haut.
10 p. larg. 7. B.

PAR LE MÊME.

103 Un autre tableau, pendant du précédent & aussi précieux de touche ; il représente un matelot assis & vu jusqu'aux genoux, occupé à bourrer sa pipe.

PAR LE MÊME.

104 Un sujet de trois figures de Paysans dans un intérieur de chambre, jouant aux cartes sur un billot. Ce tableau est encore du beau ton de couleur d'*Adrien Ostade*. Haut. 12. p. larg. 10. T. Collé sur bois.

PAR LE MÊME.

105 Un autre tableau d'une parfaite qualité, aussi composé de trois figures dans un ovale. On y distingue une jeune Paysanne qui lit la gazette à deux Paysans qui semblent l'écouter avec attention. Haut. 9 p. larg. 8. B.

ISAAC VAN OSTADE.

106 Une des plus riches Ordonnances de composition que l'on puisse rencontrer de cet Artiste distingué dans la classe des grands Maîtres Hollandois. Elle représente une maison d'auberge où s'arrêtent les chariots de postes, une quantité de personnages dans différens costumes forment un grouppe pittoresque qui se lie admirablement avec un riche paysage qui sert de fond ; dans le milieu on voit encore un paysan qui conduit un bœuf de couleur grisâtre mêlé de blanc. Les différens détails & accessoires, rendus avec une grande vérité de nature & du fini le plus intéressant,

contribuent à former un enfemble des plus marquans. Haut. 38 p. larg. 54. T.

PAR LE MÊME.

107 La vue d'une grande Chaumière ou Ecurie pitto-refque, vue toute en dèmi-teinte, & occupant prefque toute la partie du tableau. On voit dans le milieu un cheval blanc qui mange fon avoine dans une auge, & à côté un vieil homme & un petit garçon vêtus d'une vefte rouge. Haut. 18 p. larg. 20. B.

PAR LE MÊME.

108 Un intérieur de Grange, avec figures de payfans, dont deux forment une danfe grotefque tandis qu'un autre, monté fur un tonneau, joue du hautbois. Ce Tableau, tranfparent de couleur, a des détails pitto-refques. Haut. 16 p. larg. 19. B.

LOUIS BACKHUYSEN.

109 Une vue de Mer, portant quelques navires & barques, dont une principale fur la gauche a toutes fes voiles déployées, flottant fur de belles eaux agitées. Nous ne connoiffons aucun Ouvrage plus parfait de ce grand Peintre de marine. Les différens plans & la magie du clair obfcur, comme auffi l'effet jufte de la perfpective, font portés dans ce magnifique Tableau à un degré de perfection fort fupérieur à toutes les expreffions dont nous voudrions nous fervir pour arrêter l'attention des connoiffeurs. Haut. 24 p. larg. 29. T.

J. Van Huysum.

110 Un Tableau de la première finesse représentant un bouquet de différentes fleurs, heureusement grouppées dans un vase de terre, à figure d'enfant de relief, & posé sur une table de marbre; on admire encore sur la gauche des œufs d'oiseaux dans un nid. Tous les objets se détachent sur un fond jaunâtre & de ton clair qui contribue à produire l'effet le plus vrai: nous croyons qu'il seroit difficile de rencontrer un morceau plus parfait de ce grand Artiste, & aussi d'une plus admirable conservation. Haut. 20 p. larg. 14. C.

Van Der Heyden.

111 Une vue de Jardin & Maison de campagne hollandoise; le milieu de la composition offre un cabinet en charmille bordé d'une haye. On y compte quatre figures par *Ad. Van de Velde*, dont un Jardinier occupé à nettoyer un chemin dans lequel un Monsieur & une Dame se promènent. Haut. 8 p. l. 10 p. 6 lig. B.

Par le même.

112 Un autre Tableau, vue de paysage & d'une porte de petite ville de Hollande, offrant les plus riches détails en construction de briques, avec quelques figures & chevaux qui tiennent à la touche précieuse de *Van de Velde*. Haut. 12 p. larg. 15. B.

Par le même.

113 Une autre vue de Paysage & d'une Grange entourée d'arbres. Le premier plan de ce point de

vue naturel offre une prairie avec sept vaches, de la main d'*Adrien Van de Velde*. Haut. 11 p. largeur 14. B.

C. P O E L E M B U R G.

114 Un Tableau du plus bel émail de couleurs, offrant une vue des Campagnes d'Italie, avec une maffe de Ruines Pittorefques qui occupent la partie gauche ; le premier plan eft orné de figures de Femmes, dont l'une eft drappée d'une étoffe bleue. Haut. 9 p. larg. 12. B.

P A R L E M Ê M E.

115 La Sainte-Vierge dans fa gloire & entourée d'une quantité d'Anges & de Chérubins ; le premier plan de ce Tableau très-fin & d'un bel émail de couleur, offre un paylage avec lointains de Montagnes. Haut. 10 p. larg. 8. C.

P A R L E M Ê M E.

116 Un petit Tableau de forme ronde, & d'une grande précifion de touche, offrant de belles Ruines d'Italie avec trois Figures fur le premier plan qui caufent enfemble. Diamètre 6 p. C.

P A R L E M Ê M E.

117 Un autre petit Tableau très-fin, repréfentant un portrait d'Artifte vue de trois quarts & vêtu d'un habillement noir a l'Efpagnol, avec un colet de batifte rabatu. Haut. 5 p. larg. 4. B.

Par

PAR LE MÊME.

118 Un Paysage & lointain de Montagnes avec quatre Figures sur le premier plan qui sortent du bain. Haut. 7 p. larg. 8, B.

IDEM.

119 Un autre Tableau offrant une Campagne d'Italie, avec Figures & quelques Animaux sur le premier plan & une masse de Ruines sur la gauche de la composition. Haut. 6 p. larg. 9. B.

J. RUYSDAEL.

120 Un Paysage dont la partie gauche est occupée par un terrain élevé & sablonneux entouré d'arbres. A la droite & sur un plan éloigné on voit des chanvres dans un champ & engerbés. Quelques personnages sur premier plan s'amusent à pêcher dans un lac. Haut. 20 p. larg. 22. T.

PAR LE MÊME.

121 Un autre Tableau de Paysage de site agreste, offrant une masse de terrain & d'arbres dans un ton de demi-teinte générale ; le premier plan est occupé par un lac en cascade avec quelques Figures de Pêcheurs, facilement touchées par *Lingelback*. Haut. 32 p. l. 36. T.

PAR LE MÊME.

122 Une Vue de Paysage très-étendue avec différentes Pièces de bled sur lesquels frappe le soleil ; un chemin occupe le milieu de ce point de vue : on y remarque quelques Figures & Animaux. Haut. 16 p. larg. 20. T.

C

P A R L E M Ê M E.

123 Une autre Vue de Payſage avec chaumières à droite
& à gauche entourées d'arbres touffus & bien feuillés,
comme auſſi du ton de couleur le plus vigoureux;
ſur le premier plan eſt une mare où ſe réfléchit un
ciel nuageux & couvert. Haut. 11 p. larg. 13. B.

S A L O M O N R U Y S D A E L.

125 Un point de Vue des bords de la Meuſe avec des
lointains agréables & piquans. Ce Payſagyſte, rempli
de goût & de facilité dans ſa touche, a pris l'inſtant du
paſſage d'un bac rempli de paſſagers & animaux.
Haut. 15 p. larg. 24. B.

P A R L E M Ê M E.

126 Une Vue de Payſage, avec quelques maiſons de
Payſans au bord d'un chemin à gauche & ſur le premier plan. A droite eſt placé un grand arbre au bas
duquel eſt un lac où pêche un homme, plus loin on
voit une femme aſſiſe & accompagnée d'un enfant.
Haut. 23 p. larg. 17. B.

F. M O U C H E R O N.

127 Une vue de payſage, priſe dans un terrain élevé
& coupé de pluſieurs chemins. Le premier plan eſt
orné d'une figure d'homme ſur un cheval blanc, qui
parle à une Payſanne chargée d'un paquet ſur la tête.
Plus loin eſt encore un porte-balle. Hauteur 18 p.,
larg. 14. T.

P A R L E M Ê M E.

128 Un autre Tableau offrant une vue de payſage de
ſite agreſte, compoſé de hautes montagnes, dans

lefquelles defcendent des nuages : on diftingue, entre autres figures, un Payfan affis fur la terre. Haut. 20 p, larg. 16. T.

PAR LE MÊME.

129 Un Payfage d'un fite étendu & montagneux, avec des arbres différens, parmi lefquels on diftingue des pins qui fe détachent fur un ciel bien nuagé : à la droite de ce point de vue & dans un chemin où frappe le foleil, on voit courir un Cavalier. Haut. 25 p. larg. 38. T.

PAR LE MÊME.

130 Une vue de jardin orné de ftatues & jet-d'eau, avec une chèvre, un mouton & deux dindons fur le devant Haut. 13 p. larg. 11. B.

G. SCALKEN.

131 Le Portrait en pied d'une jeune Demoifelle Hollandoife ; elle eft repréfentée près d'une table tenant des rofes, & ajuftée de différentes drapperies de fatin & d'un manteau bleu, relevé de fleurs en or. Ce Tableau marquant dans les productions de ce Peintre par l'agrément du fujet & fa touche précieufe, eft auffi de la plus parfaite confervation. Haut. 19 p, larg. 13. B.

PAR LE MÊME.

132 Narciffe vu à mi-corps dans un Payfage & fe mirant dans une fontaine ; ce Tableau, d'une belle fonte de couleur, eft confidéré dans la claffe des Amateurs comme un des bons ouvrages de Godefroy *Scalken.* Haut. 16 p, larg. 12. T,

C 2

H O U D E R K O U E T E R.

133 Un petit Tableau de la plus grande perfection dans son genre & d'une touche aussi vraie que la nature; il représente une perdrix morte, deux oiseaux & quelques ustensiles de chasse. Haut. 16 p. larg 14. T.

A. P I N A K E R.

134 Un Paysage avec quelques Fabriques & une Rivière qui le traverse; le premier plan est enrichi de huit Figures, dont quatre Hommes qui tirent un bateau. Haut. 11 p. larg. 14. B.

P A R L E M Ê M E.

135 Un autre Tableau aussi de la belle touche de cet Artiste, offrant une vue de Paysage au bord de la Mer, avec une haute Montagne sur l'horison; des Vaches sur différens plans, & quelques figures contribuent à former une des compositions marquantes de cet habile paysagiste. Haut. 16 p. larg. 20. B.

G. L A I R E S S E.

136 Une Figure d'Homme représenté de bout dans un Paysage, il est appuyé sur un Piédestal, tenant un arc & ajusté de draperie blanche & rouge, montrant à un Amour quelque chose de la main droite. Ce Tableau, qui paroit indiquer un sujet de Fable, est de la belle touche de *Gerard Lairesse*, & tenoit un rang distingué sous ce titre, dans une des grandes collections de Hollande. Haut. 26 p. larg. 20. T.

N E T S C H E R.

137 Un intérieur de chambre où l'on voit une Dame
Hollandoise assise & vêtue d'un manteau de lit garni
d'hermine, & consultant son Médecin qui lui tâte le
pouls examinant une fiole. Ce Tableau d'un beau
fini offre une composition très-naturelle, & nous
paroit tenir beaucoup de la manière de ce bon Peintre.
Haut. 10 p. larg. 8. B.

R A C H E L R U Y S C H.

138 Un vieux tronc d'arbre dépouillé, autour duquel
sont grouppées différentes fleurs. On y voit aussi plusieurs insectes & reptiles achevés dans la dernière
perfection. Haut. 42 p. larg. 31. T.

D E V O E S.

139 Une jeune Femme assise, vue de face & jusqu'aux
genoux, vêtue d'un habillement à l'Espagnole, en
satin blanc; elle est coëffée d'une espèce de turban
rouge qui s'ajuste avec ses cheveux. Haut. 9 p. larg.
7. B.

V E R K O E I L L I E R, dit *le Vieux*.

140 Deux tableaux d'un bon empâtement de couleur,
représentant des intérieurs de Chambre; dans l'un
on voit une jeune Femme qui lit une lettre que vient
de lui présenter un Vieillard; dans l'autre, un Valet
sert à boire à une Dame qui tient une guitarre sur
ses genoux. Haut. 10 p. larg. 17. T.

G U I L. H E U S s.

141 Une vue de Payſage de ſite montagneux , & dont
la partie gauche eſt occupée par un lac où pluſieurs
femmes s'amuſent à ſe baigner. On compte dans ce
tableau , d'une grande fraîcheur de couleur & très-fin
de touche , ſept figures par *Poelemburg*. La grande
diſtinction de ce morceau l'a fait conſidérer, dans pluſieurs collections, comme une des heureuſes productions de *J. Both*. Haut. 13 p. larg. 17. B.

F. M I E R I S.

142 Une compoſition de deux figures dans un intérieur
d'appartement, offrant le ſujet d'une Dame aſſiſe près
d'une table , & donnant des ordres à ſa Cuiſinière,
qui eſt debout & tient à ſon bras droit un ſceau de
fer-blanc pour aller au marché. On voit encore un
petit chien épagneul , rendu avec beaucoup de vérité
& de ſoin. Haut. 11. p. larg. 8. B.

J. A S S E L I N.

143 Une vue de Payſage dont la partie gauche eſt
occupée par des fabriques pittoreſques ; du même
côté, & ſur le premier plan , on voit un groupe
de figures, ſujet de Colin - Maillard. On remarque
encore dans le milieu une Payſanne de caractère
riant, ſur un âne, & autour d'elle pluſieurs moutons
& vaches. Ce tableau , admirable pour ſon exécution,
préſente une des brillantes & plus heureuſes productions de *J. Aſſelin*. Haut. 24 p. larg. 30. T.

J. LE DUC.

144 L'intérieur du Cabinet d'un Avocat. On voit sur la gauche de la composition un Personnage vêtu de noir, & assis devant son bureau, tenant une pièce d'or qu'un Vieillard & une Femme âgés viennent de lui donner ; sur la droite, & près d'une porte, est un Officier debout, ayant la tête couverte d'un chapeau blanc, garni d'une plume. Ce tableau, de la plus précieuse exécution, offre des caractères de Têtes variés & intéressans. On connoît peu d'ouvrages plus parfaits de cet habile Peintre. Haut. 13 p. larg. 19. B.

PAR LE MÊME.

144 *Bis.* Une composition de trois Personnages dans un intérieur de chambre qui forment un concert. La figure principale est un Homme dans un habillement pittoresque, qui joue de la basse. Ce tableau, rempli de caractère, est aussi du plus beau fini. Haut. 15 p. larg. 11. B.

B. BREEMBERG.

145 Une vue des campagnes d'Italie, avec une masse de ruines qui occupent la partie gauche. Ce tableau, dont le genre & la touche nous présentent un des bons ouvrages de Breemberg, est orné de plusieurs figures, dont un Cavalier. Haut. 14 p. larg. 21. B.

PAR LE MÊME.

146 Un autre tableau offrant aussi un Paysage frais, avec animaux & figures sur le premier plan. Haut. 8 p. larg. 10. C.

P. MOREELS.

247 L'Amour considérant Pfyché qui eſt endormie &
couchée ſur un lit richement drappé ; pluſieurs Amours
forment acceſſoires & contribuent à l'enſemble d'une
des compoſitions gracieuſes qui ſoit ſortie du pinceau
de cet Artiſte diſtingué. Haut. 25 p. larg. 18. T.

ART. VANDERNEER.

248 La vue d'un village de Flandres incendié & ſitué
au bord d'un canal. Ce tableau, d'une intelligence
d'effet admirable, eſt orné de diverſes figures touchées
avec eſprit. Haut. 16 p. larg. 22. T.

PAR LE MÊME.

249 Une autre vue de Village au bord d'un canal, à
l'effet du clair de lune, avec une grande barque à
la voile dans le milieu. Haut. 10 p. larg. 8. B.

PAR LE MÊME.

250 Un autre tableau fait au premier coup, repréſentant un incendie de Village à l'effet de la nuit, avec
figures ſur le premier plan, qui ſont occupées à ſauver
leurs meubles & effets. Haut. 22 p. larg. 28. T.

JEAN GRIFFIER.

251 Un tableau du plus grand détail, offrant un des
plus beaux points de vue des environs du Rhin, avec
ruines & caſcade ; à la droite de cette compoſition, ſe
voit un Cavalier peint par *Wouvermans*, & qui
ſemble demander ſon chemin à une Femme qui eſt

accompagnée d'un Enfant. Nous confidérons ce morceau comme une des belles productions de cet Artifte. Haut. 14 p. larg. 17. B.

P. VAN DER WERF.

152 Un fujet de deux figures dans un Payfage, à l'effet de la nuit. On y diftingue un Berger, en partie couvert d'une peau d'agneau, qui fe difpofe à jouer de la flûte. Ce tableau tient auffi du beau pinceau de *Verkoelier*. Haut. 6 p. larg. 7 p. 6 lig. C.

C. DUSSAERT.

153 Un intérieur de Tabagie dans laquelle on compte 14 figures, formant différens grouppes. On diftingue dans le milieu un Payfan qui boit à même un pot de bierre. Haut. 12 p. larg. 10. B.

J. STEN.

154 Une compofition de trois figures, parmi lefquelles on diftingue une Femme endormie, qui tient une pipe de la main gauche, & de l'autre un verre. Haut. 11 p. larg. 9. B.

C. BEGA.

155 Un tableau peu terminé, fujet de deux figures, dont une femme affife qui tient une canette de bierre. Haut. 12 p. larg. 10. B.

THOMAS WICK.

156 Une vue de Port de mer avec figures, dans le coftume du Levant, fur la gauche, & divers balots & marchandifes fous une tente. Haut. 24 p. larg. 17. B.

B R A M E R.

157 Un tableau hardiment touché, représentant le Christ en croix sur le Calvaire. Haut. 30 p. larg. 21. B.

V A N G O Y E N.

158 Une vue de la Meuse, avec barques de Pêcheurs. On distingue sur la gauche de ce point de vue naturel, une chaloupe dans laquelle sont quatre matelots occupés à ramer. Haut. 13 p. larg. 19. B.

P A R L E M Ê M E.

159 Un autre tableau, vue de Payfage au bord d'un canal, avec une barque sur la gauche, remplie de matelots. Haut. 18 p. larg. 26. T.

P A R L E M Ê M E.

160 Une vue de la mer & du rivage de Scheveling, avec figures de matelots sur différens plans. On remarque sur la gauche un fanal dans des dunes sablonneuses. Haut. 12 p. larg. 13. B.

P A R L E M É M E E T S. R U Y S D A E L.

161 Deux tableaux d'une grande vérité d'effet, & touchés avec autant de goût que de facilité; ils représentent différens points de vue du lac de Harlem, avec barques de Pêcheurs, dont plusieurs à la voile. Haut. 13 p. larg. 11. B.

HOBBEMA.

162 Un payfage avec chaumières & quelques figures.
On diftingue fur la gauche de cette vue agréable une
Femme en corfet rouge, près d'un puits. Haut. 20 p.
larg. 22. T.

PAR LE MÊME.

163 Une vue de payfage toute en demi-teinte, &
d'une Auberge où des Voyageurs font rafraîchir leurs
chevaux. Haut. 24 p. larg. 30. T.

BAMBOCHE.

164 La vue d'une grande Tour près d'un abreuvoir où
des Palfreniers conduifent trois chevaux, dont un
noir, qui veut fe cabrer. Haut. 22 p. larg. 24. T.

LUCAS VAN UDEN.

165 Une vue de Payfage de fite montagneux, des
environs de Grammont en Flandre, avec figures fur
le premier plan, dont un Berger appuyé fur fon
bâton, en gardant fon troupeau. Haut. 15 p. larg.
22. B.

BRAKEMBURG.

166 Une compofition de vingt figures, fujet d'un Mar-
chand de Chanfons élevé fur des tréteaux, près d'une
arcade de Village. Haut. 9 p. larg. 7. B.

VAREGE.

167 Deux vues de Payfage d'Italie, avec figures ; dans
l'un on voit un Ange qui commande au jeune Tobie

de prendre un poiſſon ; dans l'autre, Abraham & ſon
fils Iſaac portant du bois pour ſon ſacrifice. Haut.
10 p. larg. 12. T.

G O F R E D Y.

168 Un Payſage, vue d'Italie avec ruines d'un Temple,
ſur la droite, & trois figures drappées dans le milieu.
Haut. 13 p. larg. 17. T.

P A R   L E   M Ê M E.

169 Deux petits tableaux de Payſages avec ruines &
figures ; on diſtingue dans l'un une rivière & un
bateau plat couvert d'une banne. Haut. 4 p. larg. 6. B.

B A R E N D   G A E L.

170 La vue d'un canal glacé, avec figures de Patineurs,
parmi leſquels on diſtingue une Dame Hollandoiſe vêtue
d'une robe noire, & accompagnée d'un Homme
qui la dirige ſur la glace. Haut. 11 p. larg. 15. B.

T H.   W I C K.

171 Un intérieur de laboratoire d'un Chymiſte. On
voit ce perſonnage occupé à ſon fourneau, & plus
loin une vieille femme aſſiſe devant ſon rouet. Haut.
16 p. larg. 14. B.

P A L A M E D E S.

✗ ✗　172 Une compoſition de cinq Perſonnages dans une
chambre & autour d'une table, & parmi leſquels on
diſtingue une jeune Dame vêtue de noir, qui joue
aux cartes avec un homme drappé d'un manteau gris,

Ce tableau est d'une touche ferme & plein d'expref-
fion. Haut. 12 p. larg. 17. B.

B R E C L E M K A M P.

173 Une Femme malade & affife dans fon appartement,
à laquelle un Médecin tâte le poulx. Haut. 16 p.
larg. 14. B.

A T T R I B U É A J. B O T H.

174 Une vue de Payfage à l'effet du foleil couchant,
avec un pont de pierre fur le premier plan & une
groffe tour. Haut. 18 p. larg. 23. T.

M O L N A E R T.

175 Un petit tableau, de Payfage avec chaumière &
moulin fur la droite. On y diftingue quelques petites
figures touchées avec autant d'intelligence que tout
le refte de la compofition. Haut. 5 p. larg. 7. B.

P A R L E M Ê M E.

176 Un autre tableau, vue de Payfage couvert de
neige, avec chaumières & figures. Haut. 13 p. larg.
11. p. B.

P A R L E M Ê M E.

177 Un Payfage du plus grand détail, avec chaumière & la vue d'une ville dans toute la partie du
fond. Haut. 19 p. larg. 25. T.

H E M S K E R Q U E.

178 Un intérieur de Tabagie avec figures de Payfans,
dont l'un d'eux femble careffer une jeune Servante. Ce

tableau très - fin approche de la perfection des ouvrages précieux de *C. Bega*. Hauteur 12 p. largeur
10. T.

M O L Y N.

179 Une vue de Payfage aux environs des bruyères
d'Anvers, avec figures & chariots de Payfans. Haut.
11 p. larg. 16. T. Collé fur bois.

D E V L I G E R.

180 Une vue de Mer par un gros tems, avec une barque
à la voile, fur la gauche & contre une roche. Haut.
27 p. larg. 37. T.

P A R L E M Ê M E.

181 Une vue de Mer avec barque de Pêcheurs à la
voile, fur la droite de la compofition. Haut. 14 p.
larg. 18. B.

D E V R I E S.

182 Un Payfage avec chaumières, au bord d'un canal.
On y voit deux Pêcheurs dans un bateau, & un
Payfan qui caufe avec fa femme au dehors de leur
demeure. Haut. 14 p. larg. 13. B.

P A R L E M Ê M E.

183 Une vue de Payfage pittorefque, avec chaumières,
fituée au bord d'un canal de Hollande, avec figures
de Payfans, affis & occupés à fumer. Haut. 15 p. 13. B.

184 Le Portrait d'une Dame Hollandoise, vue de trois
quarts & ajustée d'une grande fraise de batiste qui se
détache sur un habillement noir. Ce tableau, pré-
cieusement fini, est coloré dans le style de *Rubens*.
Haut. 24 p. larg. 18. B.

185 Deux tableaux de forme ronde, l'un sujet d'un
Port de mer avec fabriques & fortification, l'autre
un Paysage. Diamètre 8 p. B.

186 Un autre tableau, même forme, avec figure d'un
Evangéliste dans un paysage. Diamètre 7 p. B.

187 Un petit tableau de Paysage avec fabriques dans
la manière de *Bologueze*, il est orné sur le devant
de trois figures qui se baignent. Haut. 4 p. larg. 6. C.

188 Un autre petit tableau vue de Paysage avec fabrique
& figures, peint sur ardoise par *Gofrédi*.

189 Un autre petit tableau Vue de Paysage, avec une
tour dans le millieu, par *Courtois*. Il sert de pendant
au précédent. C.

190 Un tableau de Paysage de site montagneux avec
un pont sur la droite, & diverses figures de Paysans
à cheval sur le premier plan. Haut. 22 p. larg. 17. T.

191 Un petit tableau de deux figures de Paysans vus
à mi-corps, dont une vieille qui tient un flacon de
liqueur. Haut. 4 p. 6 lig. larg. 5 p. B.

192 Un Sujet de bataille, dont le groupe principal
offre deux Cavaliers qui se battent au pistolet. Petit
tableau de l'Ecole *de Casanova*. H. 7 p. larg. 9. T.

193 Un petit tableau Vue de mer, par un Artiste de
mérite en ce genre. Haut. 8 p. larg. 10. B.

194 Le sujet de Loth, accompagné de ses deux filles, proportion de figures de quatre pieds. Ce tableau, vigoureux de couleur, est attribué au *Schidon*. Haut. 20 p. larg. 26. T.

195 Deux tableaux ovales, l'un représente une Femme qui sort du bain, l'autre un Repos de Vénus. H. 6 p. larg. 8. B.

196 Un Melon à côtes & une branche de Cérisier sur une table. Haut. 11 p. larg. 8. B.

197 Un bon tableau italien, sujet de la Visitation de Ste-Elisabeth. Haut. 8 p. larg. 6. B.

198 Un Intérieur de Cuisine avec des légumes & ustensiles de ménage. On distingue une femme en corset rouge qui lave des herbes. Diamètre 8 p. B.

199 Un Solitaire en méditation. Haut. 11 p. larg. 9. B.

200 Un Amour qui se regarde dans un bouclier, ayant le pied sur un casque. Haut. 5 p. larg. 6. C.

201 Une Table couverte de différens fruits & sucreries pour un déjeuné. Haut. 7 p. larg. 11. C.

202 Deux petits tableaux Paysages, avec figures & animaux dans le genre de *Berghem*. Haut. 9 p. larg. 8. B.

203 Une Composition de trois figures allégoriques, dont celle du milieu est un homme ayant une flamme sur la tête. Haut. 9 p. larg. 6. C.

204 Un petit tableau sujet de légumes & chaudron, avec figure d'homme en veste rouge près d'un puits. Haut. 6 p. larg. 4.

205 Un autre petit tableau représentant Mars & Vénus, avec un Amour sur la gauche du sujet qui tient une flèche. Haut. 4 p. larg. 6. C.

206 Un tableau facilement peint dans le style de *Berghem*, offrant une vue de Paysage, avec des ruines

d'un

d'un Temple fur la gauche. Dans le premier plan on compte trois vaches, quelques moutons & des chèvres. Haut. 12 p. larg. 10 T.

207 Un Payfage & coup de tonnerre avec figures, dont un Cavalier. Haut. 7 p. larg. 8. B.

208 Un Sujet de la fuite en Egypte, avec fond de payfage. Haut. 6 p. larg. 8. C.

209 Une Efquiffe, par *Ph. Laurri*, fujet d'Hercule & Omphale. Haut. 8 p. larg. 10. T.

210 Un tableau facilement touché par *Hemoskerque*, il repréfente un déjeuné de deux payfans, homme & femme dans un intérieur de cuifine, & près d'un tonneau. Haut. 11 p. larg. 15. B.

211 Un petit Tableau, intérieur de tabagie, où font trois Payfans occupés à boire & fumer. Haut. 6 p. larg. 4. B.

212 Un petit Payfage en hauteur, vue des Cafcatelles de Tivoli, que l'on attribue à *J. Vernet*. Haut. 12 p. larg. 6. T.

213 Un petit Tableau ovale, fujet de deux Figures de faunes, une femme & un enfant dans un payfage. Par *J. Stella*. Haut. 3 p. larg. 5. B.

214 Une Figure nue & affife au pied d'un grouppe d'arbres, tenant un enfant embraffé, & accompagnée d'un autre qui occupe fa gauche. Ce Tableau de mérite tient au ftyle de P. *Veronèze*, & a la manière achevée de *Rotthenam*. Haut. 9 p. larg. 11. C.

215 Un Tableau de forme ronde, fujet de la Communion dans un Payfage. Diamètre 10 p. T.

216 Une Vue de Payfage, par un Artifte moderne, avec figures & animaux, fur le premier plan, qui paffent une rivière à gué. Haut. 9 p. larg. 11. B.

D

217 Un Portrait d'homme, vu de trois quarts ; il a la tête couverte d'un chapeau à haute forme, & ajusté d'une fraise, avec un manteau rougeâtre. Haut. 12 p. larg. 10. B.

218 Deux petits Tableaux grandeur de cartes, repréfentant des fujets de batailles, par *Vander-Meulen*.

219 Une Efquiffe, fujet de l'Adoration des Bergers. Haut. 12 p. larg. 9. T.

220 Une Ebauche bufte de femme, vue de trois quarts, avec corfet rouge & nœud de rubans. Haut. 20 p. larg. 16. T. De forme ovale.

221 Un Payfage, avec fabrique & figures de Blanchiffeufes fur le premier plan. Haut. 14 p. larg. 17. T.

222 Jéfus-Chrift parmi les Docteurs, compofition de fept figures, attribué à *Trevifani.* Haut. 5 p. larg. 7. C.

223 Une Femme âgée, vue à mi-corps à l'appui d'une croifée, d'après *Gerard Douw.* Haut. 9 p. larg. 7. B.

224 Un Chrift au rofeau, petit Tableau fur cuivre, attribué à *Carlo Dolcei.* Haut. 5 p. larg. 4.

225 Un Empereur auquel un Pontife préfente un plan de fortification. Ce Tableau nous paroît tenir à l'Ecole de *Charles le Brun.* Haut. 18 p. larg. 25. T.

226 Un petit Tableau fujet de Sainte Famille, tenant à la manière achevée de *Cornelis de Harlem.* Haut. 6 p. larg. 4. B. Avec bordure noire.

227 Un Sujet de Vénus & Adonis, avec un Triomphe de Galathée fur la droite de la compofition. Ce Tableau, qui tient de la bonne pâte de couleur italienne, eft peint fur ardoife. Haut. 12 p. larg. 16.

228 Une Tête de vieillard coiffée d'un cafque, Etude qui tient de la touche de *Vandick.* Haut. 15 p. larg. 10. B.

229 Un bon Tableau Italien sujet de la Sainte Vierge tenant l'Enfant Jesus sur ses genoux. Le petit Saint-Jean se voit sur la droite baisant le pied de Jésus. Haut. 16 p. larg. 10. T.

230 Un Tableau de forme ronde, sujet de fable dans le style de *Bourdon*. La figure principale est une femme percée d'une flèche. Diamètre 10 p. B.

231. Un autre Tableau faisant le pendant, sujet d'un Berger assis, une femme & un chien.

232 Un Tableau composé dans le style de *Palamède*, représentant un intérieur de corps-de-garde, où l'on voit, entr'autres personnages, un Officier devant lequel est prosterné un Paysan. Haut. 17 p. larg. 23. B.

233 Une Fête champêtre, composition de seize figures, dont un homme & une femme qui dansent. On attribue ce Tableau au pinceau de *Pater*. Haut. 13 p. larg. 16. C.

234 Un Satyre enlevant une femme. Ce Tableau, rempli d'expression, nous présente la belle touche de *Rottenamer*. Haut. 13 p. larg. 9. B.

235 Un Buste de Vieillard portant une petite barbe blanche, & coëffé d'une toque de velours. Ce Tableau de caractère tient au pinceau de *J. Calken*. Haut. 15 p. larg. 12. B.

236. Un Buste de jeune fille vue de trois quarts. Par M. *Million*, d'après M. *Greuze*. Hauteur 16 p. largeur 13. T.

237 Une tête de Religieuse, étude hardiment touchée dans la manière de *Van Dick*. Haut. 19 p. larg. 15. T.

238 Une Etude de caractère représentant Caïn qui terrasse son frère Abel. Haut. 11 p. larg. 8. B.

239 Un tableau, sujet de Ruines d'Architecture, qui

paroît tenir au ſtyle de *Servandoni*. Haut. 21 p.
larg. 25. T.

240 Quatre tableaux ſur cuivre, ſujet de dévotion, dans
des payſages dont on formera deux lots.

241 Deux autres tableaux ſur cuivre, ſujets de la Sama-
ritaine, & les Pélerins d'Emmaüs.

241 *Bis.* Environ trente tableaux, ſujets de tout genre,
qui ſeront détaillés ſous ce Numéro dans le cours
des vacations.

GOUACHES ET DESSINS SOUS VERRES.

242 Parmi ſoixante Deſſins de bons Maîtres & quelques
Gouaches, il ſe trouve des morceaux agréables &
de belles Etudes, par *Verſchuring*, *Henri Roos*,
Pierre Boutt, *de la Rue*, *Caſanova*, *Loutherbourg*, *Mayeu*, *Fragonard*, *Leprince*, *Taunay*,
&c., leſquels ſeront détaillés ſous ce Numéro pendant le cours de la vente. Les Amateurs qui ſuivent
principalement ces objets ſont prévenus que c'eſt
par ces articles que commenceront les ſéances.

242 *Bis.* Quelques Miniatures par Mme *Fragonard*,
& autres, qui ſeront également détaillées.

Buſtes & Fûts de Colonnes en Marbre, & Pierre d'Aimant, &c.

243 Deux Buſtes de proportion naturelle, & du plus
beau travail ; l'un repréſente un Faune, l'autre une
Bacchante. Ces deux morceaux, pleins de caractère,
proviennent de la vente de M. de *Gagni* ; ils ſont

placés sur des fûts de colonnes en beau marbre veiné.

244 Deux autres Bustes de marbre & une petite Tête de bronze.

245 Une forte Pierre d'Aimant richement montée, en cuivre doré d'or moulu, & suspendue dans son pied de bois de chêne, de 40 pouces de haut sur même largeur. Cette belle pièce peut être chargée par degrés, depuis 60 liv. jusqu'à 100 & même 120 liv. pesant. Les chaînes de suspension & autres accessoires, qui pourront dépendre de ce bel article, y seront réunis ou délivrés à l'acquéreur.

246 Quelques objets de tout genre seront détaillés sous ce Numéro.

F I N.

www.ingramcontent.com/pod-product-compliance
Lightning Source LLC
LaVergne TN
LVHW021819170726
843503LV00007B/3261